Dietmar Bittrich

# Das Glücksfisch Orakel

*Der Fisch reagiert in Ihrer Hand – und verrät alles über Ihre Zukunft*

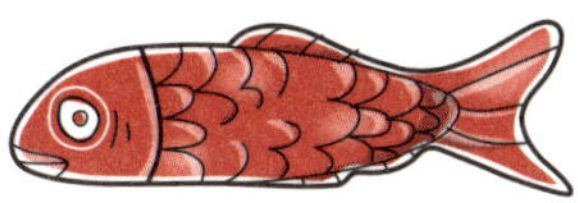

cadeau

# Inhalt

## Warum funktioniert das?

Fische zappeln. Besonders wenn man sie in die Hand nimmt. Das war schon vor zweitausend Jahren so, als den Überlieferungen zufolge das Goldfisch-Orakel entdeckt wurde.

Im Fernen Osten hielten sich damals Wahrsager und weise Zen-Meister Goldfische in Zierteichen. Kam ein Fragesteller, wurde ein Fischlein aus dem Teich gefangen und dem Fragesteller auf die Hand gelegt. Der weise Meister betrachtete die Bewegungen des Fischleins. Klar, es zappelte. Und meist sprang es binnen kurzem von der Hand zurück in den Teich.

Das reichte dem Meister schon. Die ersten Bewegungen des Fisches, seine Reaktion auf die Hand und auf die Ausstrahlung des Fragestellers, besagten genug.

»Ihr solltet mit einer Heirat lieber noch etwas warten«, erklärte der weissagende Meister, wenn das Fischlein eine abweisende Wendung vollzogen hatte. Oder, wenn es sich munter gewendet hatte, sprach er: »Die

Zeichen stehen gut! Was immer Ihr jetzt beginnt, es wird erfolgreich sein!«

Wie kam er darauf? Er beobachtete einfach die ersten beiden Bewegungen des Fischleins. Hob es zuerst den Kopf? Oder die Schwanzflosse? Und was tat es dann? Beugte es sich zurück? Drehte es sich auf die andere Seite? Rollte es sich zu einem Ring? Stellte es sich gar hochkant?

Genauso funktioniert das Glücksfisch-Orakel noch heute. Der Kopf steht in der alten fernöstlichen Philosophie für Verstandesbetonung und eine nach außen gerichtete planerische Aktivität. Die Schwanzflosse für Empfindung und intuitives Vorgehen. Aus diesen Grundbedeutungen zusammen mit den Bewegungen ergeben sich die Weissagungen des Orakelfisches.

Jedem Buch liegen zwei mehrfach verwendbare Glücksfische bei. Sie bestehen aus einer sensiblen Folie. Sobald solch ein Fischlein in der Hand liegt, reagiert es so feinfühlig und nuancenreich wie einst die Orakelfische im alten China. Einfach die Bewegungen beobachten, im Buch nachschlagen – und alles ist klar!

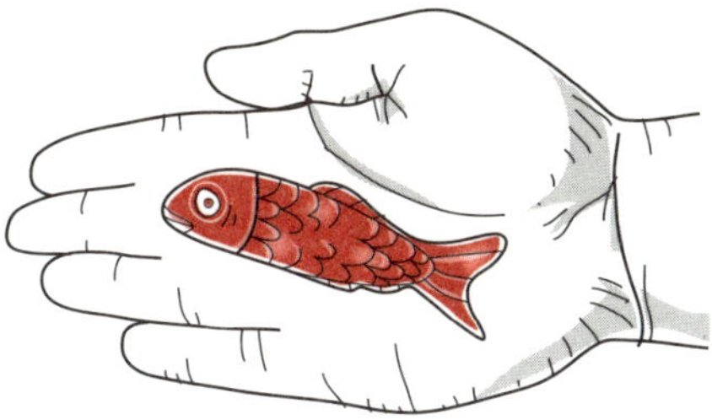

## Und so geht es!

- Sie nehmen den Orakelfisch.
- Sie legen ihn auf Ihre Handfläche, mit dem Köpfchen Richtung Fingerspitzen.
- Sie beobachten seine Bewegungen.
- Was tut er als Erstes? Und was tut er dann?
- Diese ersten beiden Bewegungen entscheiden.
- Hat er als Erstes den Kopf gehoben? Dann lesen Sie weiter ab Seite 11.
- Hat er als Erstes die Schwanzflosse gehoben? Dann lesen Sie weiter ab Seite 25.
- Hat er etwa beides zugleich gehoben? Dann lesen Sie weiter auf Seite 39.
- Wenn er sofort von der Hand gehüpft oder vollkommen still geblieben ist, dann gehören Sie zu den skurrilen Sonderfällen ab Seite 53.

## 1. Er legt den Kopf zur Schwanzflosse: Sie werden unvernünftig

Na, also! Der Orakelfisch weiß es. Der Orakelfisch zeigt es. Der Orakelfisch verrät, was Sie schon lange ahnen, aber nie zuzugeben wagten: Sie kommen nicht weiter mit Ihrem schlauen Köpfchen. Ihre Gedanken bringen Sie nicht voran. Ihr Planen bringt nichts. Sie könnten Ihre Situation monatelang analysieren, es käme nichts dabei heraus. Deshalb weist der Orakelfisch zur Schwanzflosse.

In der alten Orakeltradition steht der Kopf für das planerische, gezielte, durchdachte Vorgehen. Die Schwanzflosse für das kreative, magische, intuitive Handeln. Genau das ist jetzt dran bei Ihnen. Sie brauchen nicht mal was dafür zu tun. Es geschieht von selbst, womöglich zu Ihrer eigenen Verwunderung. Sie werden etwas Überraschendes tun, etwas Untypisches, Verblüffendes, vielleicht gar Erscheckendes. Es wird jedenfalls unvernünftig wirken. Ihre Freunde fassen sich bereits vorbeugend an den Kopf.

Doch mit nachtwandlerischer Sicherheit werden Sie genau das Richtige tun. Und was wird das sein? Werden Sie plötzlich nach Oberammergau reisen? Die Hochzeit abblasen? Den Staubsaugerbeutel über Ihrem Nachbarn leeren? Ja, alles möglich. Wenn der Verstand sich schlafen legt und der Intuition die Zügel überlässt, darf die Pannenshow die Kameras anwerfen.

Und doch wird am Ende alles zum Besten stehen. Kann sein, dass Sie sich plötzlich trennen: von einem Job, von einem Ort, von einem Menschen. Nicht nach sorgsamem Abwägen. Sondern unerwartet und für Sie selbst kaum nachvollziehbar. Doch es wird perfekt passen. Kann auch sein, dass Sie ein lukratives Angebot ausschlagen. Sie wissen selbst nicht, weshalb. Intuitiv. Und wenig später kommt alles viel besser.

Kleiner Tipp: Buchen Sie einen Clowns-Workshop. Dann können Sie den Trip, der jetzt beginnt, noch besser genießen. Und wir auch.

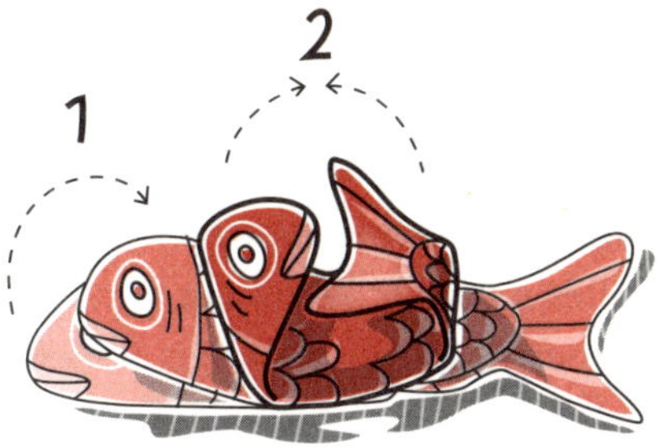


## 2. Er rollt Kopf und Schwanzflosse zu einem Ring: Sie erreichen Harmonie

Spektakulär! Das Zeichen des Ringes ist das Zeichen der Vollendung, des Friedens und der Harmonie. Schwer vorstellbar bei Ihnen, aber es muss was dran sein. Hat Ihr Orakelfisch tatsächlich zuerst den Kopf gehoben und dann die Schwanzflosse nach oben gekrümmt, dass beide sich sozusagen küssten? Respekt! Neid und Glückwunsch! Intellekt und Intuition vereinigen sich bei Ihnen zu einer seltenen Einheit. Vernunft und Gefühl liegen nicht im Widerstreit, sondern ergänzen sich zu wunderbarer Übereinstimmung.

Sagen Sie mal, kann das denn wirklich sein? Sind Sie eine derartig gereifte und weise Persönlichkeit? Wo Sie doch so frech und unvernünftig aussehen? Na, muss wohl so sein. Ein Orakelfisch lügt nicht. Und wenn bei Ihnen bislang die rechte und die linke Gehirnhälfte munter gegeneinander arbeiteten – Ihre Freunde könnten lustige Beispiele erzählen –, dann läuft jetzt alles in unbegreiflicher Harmonie.

Unbegreiflich ist das richtige Wort: Sie spüren selbst, dass in Ihnen eine Klarheit ist, die sich mit dem Verstand nicht greifen und nicht herstellen lässt. Die kommt anderswoher und war eigentlich immer da. Sie haben diese Klarheit und Ganzheit, diesen inneren Frieden, bislang nur übersehen. Sie haben Ihre eigene Glücksquelle nicht so sprudeln lassen. Sie wollten erst mal Schmerz, Widerstand, Furcht und Schrecken erleben. War ja auch spannend! Und nun macht sich ein inneres Wohlgefühl bemerkbar, gegen das Sie gar nichts tun können. Es taucht auf und breitet sich aus. Wenn jetzt eine Karma-Heilerin oder Aura-Leserin hier wäre, würde die einen goldenen Glanz um Sie herum wahrnehmen. Wir nehmen den nicht wahr, weil wir nicht sensitiv genug sind. Aber Sie können uns nach dieser wonnigen Botschaft ruhig mal was spendieren!

## 3. Er stellt sich hochkant: Es wird ungemütlich

Ah, es wird gefährlich! Respekt. Sie gehen volles Risiko. Und wir dürfen zusehen! Im Ernst: Es ist ungewöhnlich, wenn ein Orakelfisch sich auf der Schmalseite aufrichtet. Aber es ist bei den alten Weisen im Fernen Osten vorgekommen – und jetzt eben bei Ihnen. Sie sind reif, heißt das. Sie begeben sich auf eine Gratwanderung. Ihr Fisch hat zuerst den Kopf gehoben. Und das bedeutet, Sie haben lange genug überlegt. Sie haben das Für und Wider abgewogen. Und jetzt haben Sie die Nase voll vom Abwägen. Sie wollen keine faulen Kompromisse mehr eingehen.

Das ist das Ende der Feigheit. Sie sind stark genug. Power zieht in Ihre Adern. Ihr Herz ist mutig. Also wagen Sie sich an das Abenteuer, das Sie lange vor sich hergeschoben haben. Sie zeigen sich. Sie machen sich angreifbar. Sie sagen zu Ihrer lieben Mutter: Du kannst mich mal. Zu Ihrem reizenden Chef oder Lehrer: Es reicht. Sie erklären Ihrem Partner: Für dich bricht eine einsame Zeit an, Baby. Ich bin weg. Und tatsächlich brechen Sie auf. In die Selbständigkeit. In die Freiheit. In den Wind.

Es wird ungemütlich. Nicht nur für Sie. Sie können mit Ungemütlichkeit leben. Es wird ungemütlich für alle, die sich gewünscht hatten, Sie würden kuschen, auf dem Sofa sitzen bleiben und den Mund halten. No way.

Als der Inder Bodhidharma das Goldfisch-Orakel befragte und genau diese Antwort bekam, schnürte er am selben Tag seine Schuhe, ging auf Wanderschaft, überquerte den Himalaya und erfand in China etwas Neues: den Zen-Buddhismus. Er verwandelte ein Land. Vielleicht die Welt. Das brauchen Sie nicht zu tun. Wir wären Ihnen sogar dankbar, wenn Sie Ihre Aktivität auf Ihre eigene Selbstverwirklichung beschränken würden. Damit haben Sie genug zu tun. Es kann ein bisschen rau werden. Aber es wird sich lohnen. Und wir kleinen Sesselfurzer dürfen zusehen, ja?

## 4. Er legt den Kopf wieder zurück: Sie kommen ins Grübeln

Wow! Danke, dass Sie da sind! Dass Sie überhaupt bei diesem Orakel mitmachen! Das ist ja schon ein Wunder. Und dass Sie bereits wach sind um diese Zeit. Dass Sie uns die Gnade Ihrer Anwesenheit schenken! Danke. Eigentlich sind Sie sich ja zu schade für Dummies wie uns und für den oberflächlichen Spielkram, mit dem wir uns abgeben. Sie halten sich für etwas Besseres. Für etwas ganz Besonderes. Für ein Wesen, das von der Natur gesegnet und mit Sonderrechten ausgestattet wurde. Und das darunter leiden muss, dass dumpfe Leute diese Sonderrechte nicht anerkennen. Daher Ihre müde Arroganz.

Müde deshalb, weil Sie schon alles und das Gegenteil von allem gesehen haben. Man kann Ihnen nichts Neues mehr bieten. Glauben Sie. Hoffen Sie. Das bedeutet es, wenn der Orakelfisch seinen Kopf hebt und bald wieder zurücklegt. Es bedeutet: Einmal hingesehen und gleich wieder weggeschaut. Lieber nicht mit etwas

Neuem konfrontiert werden, bedeutet es. Lieber gar nicht erst darauf einlassen.

Das ist es, was sich hinter Ihrer feinen Arroganz verbirgt: eine bange Furcht, dass Ihr Selbstbewusstsein erschüttert werden könnte. Tja, und genau das geschieht jetzt! Sie sind bereits mittendrin in der Phase der Erschütterung. Es bebt in Ihnen, egal wie überlegen Sie lächeln. Sie liegen nachts wach und grübeln, wie es weitergehen soll. Deshalb sind Sie tagsüber so müde. Deshalb wollen Sie sich gleich wieder hinlegen. Schön, dass Sie in so einer Krise stecken! Wir haben lange darauf gewartet!

Aber wissen Sie was? Sie gehen demnächst runderneuert daraus hervor. Verjüngt. Neu geboren. Ihre Müdigkeit wird fortgeblasen sein. Ihre Arroganz wie nie gewesen. Sie werden offen. Lustig. Frisch. Und Ihr Orakelfisch wird Luftsprünge machen. Aber erst mal noch ein bisschen Krise, ja? Damit wir auch was zu lachen haben!

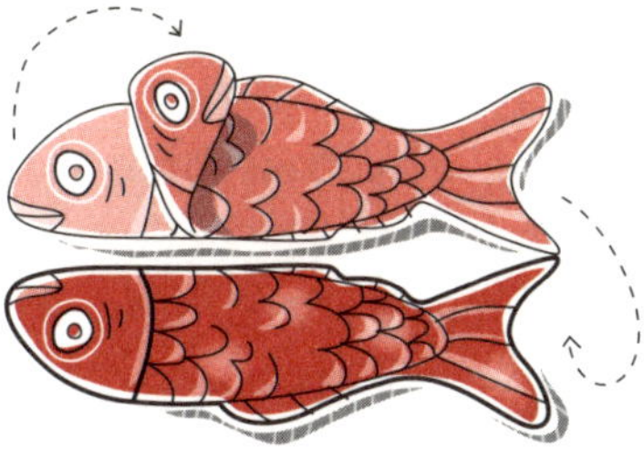


## 5. Er wendet sich auf die andere Seite: Sie werden frech

Hah! Das ahnt man schon, wenn man Sie sieht. Bei Ihnen steht eine große Umwälzung an. Aber radikal! Wurde ja auch Zeit. Jetzt bleibt nichts mehr, wie es war. Nicht mal Sie selbst. Lange genug haben Sie ausgeharrt. Schluss damit. Ihr Orakelfisch hat zuerst den Kopf gehoben – um sich zu vergewissern, dass sich tatsächlich nichts bessert. Und hat dann die Wende gemacht. Um auszudrücken: Ihr könnt mich mal. Seht, wo ihr bleibt. Ich mache es jetzt alleine. Ich zettele meine private Revolution an. Und zwar ohne weitere Rücksicht. Ihr Trantüten könnt euch schon mal unter die Guillotine legen.

Ja, in Ihrer näheren Umgebung beginnt nun das große Zittern. Und zu Recht! Nicht dass Sie tatsächlich das Küchenmesser wetzen. Erstens ist es schon scharf. Und zweitens neigen Sie zum Glück nicht zu Gewalt – nur wenn es sein muss. Auf jeden Fall ist jetzt ein Ende Ihrer Kompromissbereitschaft erreicht. Kann gut sein, dass Sie richtig frech werden. Ja, es wird vorkommen, dass Ihnen jemand zähneklappernd gegenübersteht und stottert: »So kenne ich dich ja gar nicht!«

Tja! »Da siehst du mal!«, sagen Sie. Und woran liegt das? An Ihrer sensationellen Frisur? An den neuen Kontaktlinsen? Oder etwa daran, dass Sie sich jetzt neuerdings auch morgens die Zähne putzen? Nein. Noch besser. Es liegt daran, dass Sie jetzt aussprechen, was Sie denken. Dass Sie tun, was Sie schon immer tun wollten. Es liegt daran, dass Sie nicht mehr kuschen, sondern aufmucken. Und Sie werden sehen, das steckt andere an.

Sie werden richtig gefährlich! Übrigens nicht nur für andere. Schon möglich, dass Sie die eine oder andere geschlossene Tür einrennen. Dass Sie mal gegen die Wand semmeln. Ohne blaue Flecken geht Ihre Revolution nicht ab. Aber Sie gehen verjüngt und runderneuert daraus hervor! Und wir werden noch unseren Kindern von Ihnen erzählen!

Er hebt zuerst den Kopf

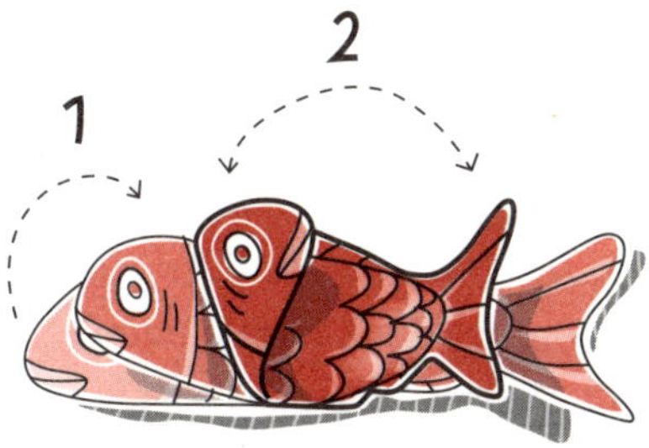


## 6. Er wippt hin und her: Sie wollen sich nicht entscheiden

Früher, als Sie noch nicht geboren waren, im alten China, gab es Schüler und Meister. Ein Meister galt als erleuchtet, und wer Schüler werden wollte, musste sich bewerben. Dabei wurde der Orakelfisch befragt. Wenn der Fisch in der Handfläche des Schülers hin und her wippte, dann brach der Meister in schallendes Gelächter aus. Er klopfte dem Schüler auf die Schulter und schickte ihn mit einem kurzen Rat wieder nach Hause. Das tun wir natürlich nicht. Sie dürfen ein bisschen bleiben. Aber lachen dürfen wir, ja?

Dieses Hin- und Herwippen, das kennen wir von Ihnen. Ihre Unentschlossenheit. Ihren Wankelmut. Ihre Unsicherheit, welche Richtung Sie einschlagen sollen. Wenn Sie ein Filet bestellt haben, denken Sie, der Gemüseteller wäre besser gewesen. Zumal Sie Vegetarier sind, manchmal jedenfalls. Wenn Sie auf Gomera gelandet sind, meinen Sie, Lanzarote hätte mehr Spaß gemacht. Sie könnten noch umbuchen. Aber lohnt es?

Und während Sie sich mit viel Schweiß und Tränen zu einem Partner durchringen, natürlich nicht endgültig, schwant Ihnen, der andere würde besser zu Ihnen passen. Möglicherweise.

Deshalb entscheiden Sie sich lieber gar nicht. Sie bleiben beim ewigen Hin und Her. Und derweil entscheiden andere für Sie! Und darüber ärgern Sie sich! Sie sehen blühend jung aus. Aber Sie können bereits im Rückblick feststellen: Eigentlich wollte ich das alles gar nicht. Aber es ist so gekommen. Komisch, was?

Wissen Sie, mit welchem Rat der Meister einen Hin-und-Her-Schüler nach Hause schickte? Er sagte: »Entscheide dich *ein Mal* bewusst für das Falsche!«

»Häh?«, machte der Schüler dann.

»Ja, du wirst merken, dass es letzten Endes keine falschen Entscheidungen gibt!«, erklärte der Meister. »Du kannst also ruhig mutig sein!« Wow! Hätten Sie mal Lust, das zu probieren? Eine falsche Entscheidung? Ach ja, bitte! Es ist sowieso dran bei Ihnen!

Er hebt zuerst den Kopf

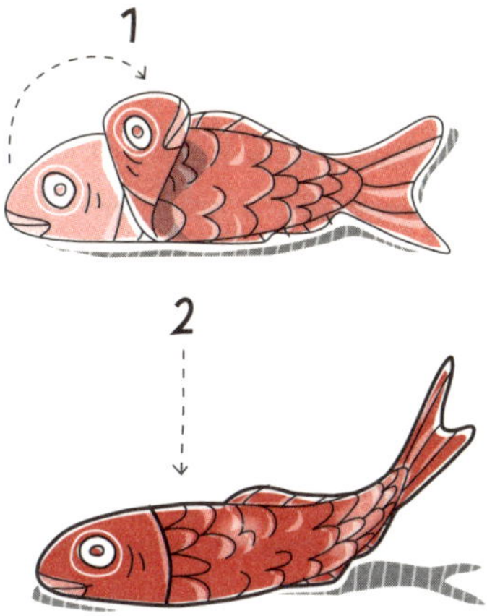


## 7. Er gleitet von der Hand: Ihr Verstand verliert die Orientierung

Sie verlieren den Verstand. Tja. Ist so. War immer so in der zweitausendjährigen Tradition des Glücksfisch-Orakels. Wenn der Fisch erst den Kopf hebt und dann von der Hand hüpft, dann heißt das: Adieu, Vernunft. Bye-bye, Klarheit. Tschüss, graue Zellen. Machen wir den Test: Teller, Hund, Lampe, Brief, Apfel, Hose, Tisch, Wiese, Glas, Baum. Alles klar? Nein?

Dann müssen wir offen sein: Viele haben es Ihnen schon angemerkt. Hinter Ihrem Rücken wird getuschelt. Und Ihnen selbst ist es auch aufgefallen. Sie wandern durch den Supermarkt und wissen nicht mehr, was Sie kaufen wollten. Sie stehen im Keller und wundern sich, warum Sie runtergegangen sind. Sie reden einen alten Freund mit falschem Namen an. Sie erkennen Ihren Nachbarn auf der Straße nicht. Und das ist nur der Anfang. Sie wissen ja: Im ersten Stadium soll man aufhören. Denn im zweiten merken es auch die anderen. Und im dritten Stadium merken es *nur* noch die anderen.

Wollen Sie wissen, in welchem Stadium Sie sind? Aber wir wollen es wissen. Am Anfang dieses kurzen Absatzes wurden zehn Begriffe genannt. Erinnern Sie sich? Teller, Hund, Lampe ... Fällt Ihnen noch einer ein? Es waren noch sieben andere. Na? Wie bitte, Stuhl? Und Messer? Und Gabel, Schere, Licht oder wie? Sorry. Alles falsch. Sie können es oben gern nachlesen. Oh, oh, oh. Was machen wir jetzt mit Ihnen? Abschieben in die geschlossene Abteilung? Nein. Wir geben Entwarnung.

Bei Ihnen findet gerade eine Bewusstseinserweiterung statt. Sie ziehen innerlich in ein größeres Haus um. Da ist es ganz normal, dass man sich anfangs nicht zurechtfindet. Dass man zuweilen orientierungslos wirkt. Das Großartige dabei: Sie merken, dass Sie gar nicht so sehr auf den Verstand angewiesen sind. Weil Sie intuitiv viel mehr wissen, als der Verstand sich träumen lässt. Also, alles im gelben Bereich!

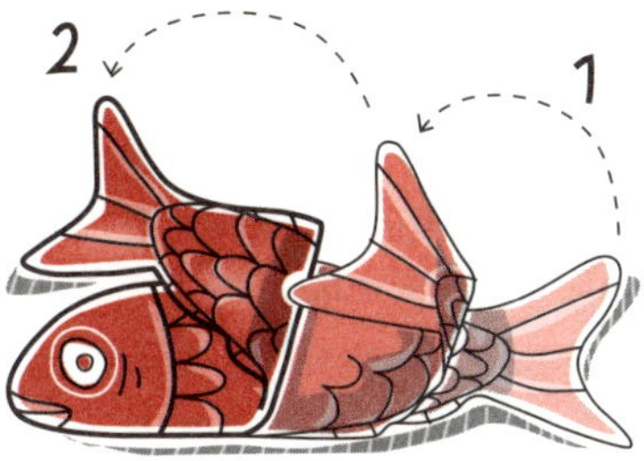


## 1. Er legt die Schwanzflosse zum Kopf: Sie räumen auf

Sie sind nicht esoterisch. Das bestimmt nicht. Allerdings ahnen Sie häufig Zusammenhänge, die außer Ihnen niemand erkennen kann. Sie sind nicht abergläubisch. Nur ergreifen Sie zuweilen Vorsichtsmaßnahmen, die selbst Ihren besten Freunden sonderbar erscheinen. Sie hängen keiner östlichen Religion an. Doch dass Sie die Früchte guten Karmas ernten, finden Sie allmählich überfällig. Schließlich haben Sie in früheren Leben genug für die Menschheit getan. Jetzt sollen andere ranklotzen.

Also, mal ganz unter uns: Ein bisschen spinnert sind Sie schon. Natürlich auf die sympathische Art. »Ich folge spontanen Eingebungen«, erläutern Sie, wenn mal wieder niemand Ihre verkorksten Pläne durchschaut. »Ich lasse mich führen«, erklären Sie salbungsvoll, wenn alles in die Binsen geht. Und genau das ist im Moment der Fall. Beinahe. Gut, dass Sie gerade noch den Orakelfisch befragt haben!

Seine Antwort ist von eisiger Klarheit: Schluss mit dem Gewaber! Ihr nebulöses Stochern hat ausgedient. Vernunft ist dran. Tja. Sorry! Aber das bedeutet es, wenn die Schwanzflosse zum Köpfchen weist. Rationales Vorgehen. Genaue Zielsetzung. Klare Entscheidungen.

Anfangen können Sie noch heute, mit drei Kartons. Spätestens morgen. Auf dem ersten Karton steht *Müll*. Auf dem zweiten *auch Müll*. Und auf dem dritten *Restmüll*. Und dann entsorgen Sie all den Kram, der sich bei Ihnen aufgeschichtet hat. Kann sein, dass von Ihrer Wohnung nichts mehr übrig bleibt. Aber, uff, wie befreiend ist das! Sie wissen längst, dass diese Aufräumaktion ansteht. Jetzt ist es so weit. Und Schreck: Sobald Sie sich dranmachen, sobald Sie all das erledigen, was Sie beiseitegeschoben haben, lichtet sich Ihr Smog! Nicht nur äußerlich. Auf einmal sehen Sie klar. Wissen, was zu tun ist. Tun es. Und alles geht easy.

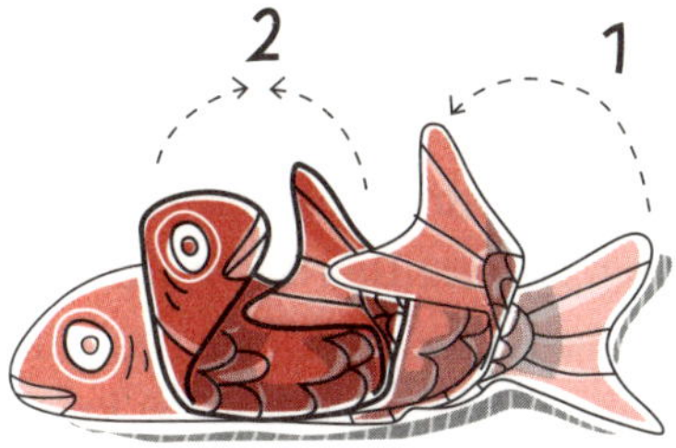


## 2. Er rollt Kopf und Schwanzflosse zu einem Ring: Sie sind zur richtigen Zeit am richtigen Ort

Sind Sie Schlafwandler? Oder waren Sie es als Kind? Es ist merkwürdig. Fast alle Menschen, bei denen der Orakelfisch diese Form annimmt, in deren Hand er also zuerst die Schwanzflosse hebt und dann das Köpfchen, um daraus einen Ring zu bilden – fast alle Menschen mit diesem Zeichen waren oder sind Schlafwandler. Und noch etwas haben sie gemeinsam: Sie wachen im richtigen Moment auf. Mitten in der Nacht, wenn sie einen genialen Einfall haben. Und sogar mitten am Tag. Sie erwischen den passenden Augenblick. Öffnen im entscheidenden Moment die richtige Tür. Treffen den Ball perfekt. Das ist so bei Ihnen. Von jetzt an. Es beginnt eine Zeit, in der Sie immer im richtigen Moment am richtigen Ort sind.

Das waren Sie früher auch schon, häufiger, als Sie glaubten. Nur haben Sie es damals nicht gesehen. Jetzt sehen Sie es. Und dieses Sehen ist entscheidend. Sie erwischen den richtigen Augenblick für das klärende Gespräch, für den wichtigen Anruf, für die Bewerbung, den Abschied, die Liebeserklärung. Sie staunen selbst. Sogar wenn Sie im Stau stecken und denken: Wäre ich nur früher losgefahren! Dann wird sich dieser Stau als perfekt für Sie erweisen. Weil Ihnen im endlosen Stop and go etwas einfällt, worauf Sie bei rascher Fahrt nie gekommen wären. Oder weil Sie im Radio etwas hören, das Ihnen sonst entgangen wäre. Und weil Sie aus irgendeinem Grund froh sein werden, nicht früher ans Ziel gelangt zu sein. Das nur als Beispiel.

Der Orakelfisch ruft Ihnen zu: Sie werden nichts verpassen. Sie können nichts falsch machen. Das glauben Sie noch nicht ganz? Machen Sie sich auf Überraschungen gefasst! Alles wird sich als richtig erweisen. Sie sind genau richtig. Nicht nur hier und jetzt, hier bei uns Dumpfbacken. Sondern immer und überall.

## 3. Er stellt sich hochkant: Sie werden kriegerisch

Endlich! Sie mosern nicht länger muffig in sich hinein. Sie kommen raus mit Ihrem Protest. Sie sprechen aus, was Ihnen nicht gefällt. Und Sie ziehen die Konsequenzen – mit vollem Risiko. Wenn der Orakelfisch zuerst die Schwanzflosse hebt und sich dann auf der Schmalseite aufrichtet, weist das auf einen lange unterdrückten Groll hin. Auf einen brummigen Unmut, auf gesammelte Erbitterung und passiven Widerstand. Das kennt man ja von Ihnen!

Aber damit ist jetzt Schluss! Denn lange genug fühlen Sie schon: Das ist nicht mein Weg. Oft haben Sie gedacht: Das will ich nicht mehr. Sie haben trotzdem selten nein gesagt. Doch Sie haben Ihre innere Auflehnung andere spüren lassen, meist als schlechte Laune. Sie wirkten zuweilen ungefällig, mindestens eigensinnig und auf jeden Fall schwierig.

Nun, sagt der Orakelfisch, nun kommen Sie raus aus Ihrer Schmollecke. Die Legende erzählt, bei den griechischen Amazonen sei es so gewesen, und wir wissen es aus dem alten Japan: Anwärter auf den Status eines Kämpfers mussten erst den Orakeltest hinter sich bringen. Wenn das Fischlein sich aufrichtete, wussten Meisterin und Meister: Dieses in sich hineinknurrende Wesen taugt zur Amazone, taugt zum Samurai. Und das sind Sie! Im alten Japan hätte man Sie sofort in den Kriegeradel versetzt und Ihnen ein geschärftes Schwert überreicht.

Aber Sie haben sicher Verständnis dafür, dass wir Sie lieber in Frieden hierbehalten wollen, ja? Seien Sie nett zu uns. Es ist ja wahr, dass wir häufig über Ihre Bedürfnisse hinweggegangen sind. Ja, doch, wir haben etliches entschieden, ohne Sie zu fragen. Wir finden es supertoll, dass Sie jetzt mit stählerner Power Ihren eigenen Weg gehen wollen. Aber Sie gehen nicht über Leichen, ja? Versprochen? Wir wollen Ihnen doch zujubeln dürfen!

Er hebt zuerst die Schwanzflosse

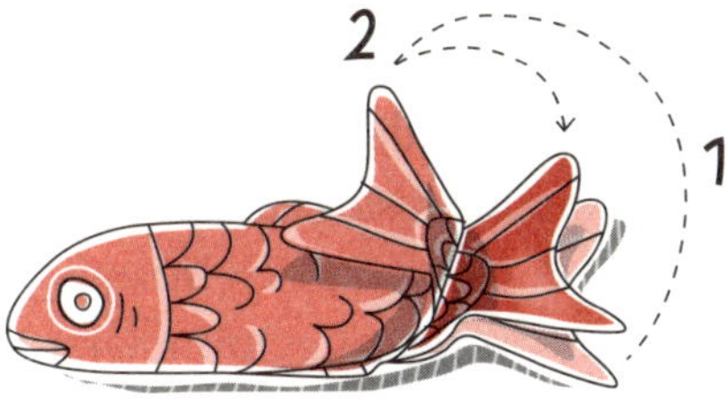


## 4. Er legt die Schwanzflosse wieder zurück: Ende der Entschuldigungen

Ein sehr gutes Zeichen! Ihr Orakelfisch hat die Schwanzflosse gehoben – ein Zeichen für sensibles Gespür, für untrüglichen Instinkt, für feine Wahrnehmung. Und dann hat er die Schwanzflosse wieder zurückgelegt – ein Zeichen dafür, dass Sie sich aus Sensibilität, Instinkt und Wahrnehmung nichts machen. Weil Sie zu träge sind.

Ja, ja, diese Bewegungen des Fisches finden ausschließlich bei Leuten statt, die ihre Begabungen nicht entwickeln. Die nicht in die Hufe kommen, weil sie glauben, andere seien zuständig. Andere müssten sie fördern, belohnen, bedienen. Das trifft doch für Sie zu? Na, eben. Jeder weiß es, auch wenn Sie es nicht zugeben mögen. In Ihnen wohnt ein fauler Schlaffsack. Das bedeutet es, wenn das treue Fischlein seine Schwanzflosse hebt und gleich wieder sinken lässt: Einmal nachgefühlt und gleich wieder zur Ruhe begeben. Kurz die Signale wahrgenommen und gleich wieder aufs Abstellgleis gefahren. Es gibt Leute, die verbringen so ihr Leben. Die liegen auf dem Sofa, zumindest innerlich, und werden immer schwerfälliger und schwerer, und irgendwann brechen sie durch die Decke in die Wohnung darunter. Und dann kommt ein Kran und bringt sie zum Sperrmüll.

Es gibt solche Leute. Aber Sie gehören nicht dazu! Denn der Orakelfisch hat Sie erwischt! Diese Deutung ist eine Ohrfeige für Sie! Eine, die knallwach macht! Es ist Schluss mit Ihrer Plumpsäckigkeit! Nach diesem krassen Orakel können Sie gar nicht mehr anders als loslegen. Sportlich, arbeitsmäßig, beziehungstechnisch. Bisher waren Sie allenfalls gut im Erfinden von Entschuldigungen. Jetzt erfinden Sie sich selbst neu. Alle Leute, die in Ihnen bislang den fleischgewordenen Absacker sahen, trauen Ihren Augen nicht. Wir auch noch nicht. Na, los! Zeigen Sie gleich mal was!

Er hebt zuerst die Schwanzflosse

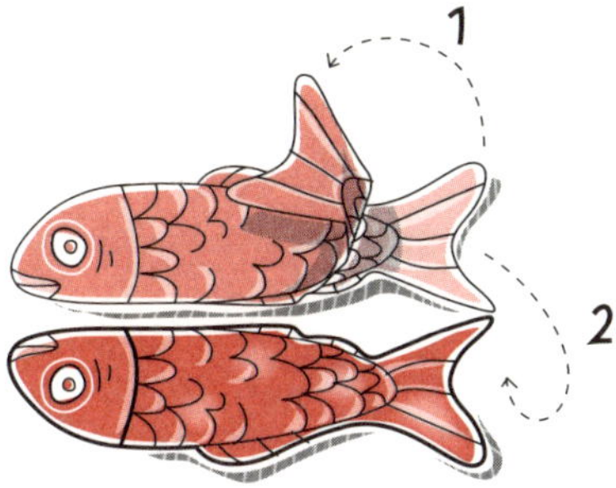


## 5. Er wendet sich auf die andere Seite: Sie verlassen die Sicherheitszone

Ihr Fisch hat zuerst die Schwanzflosse gehoben und sich dann auf die andere Seite gedreht? Verrückt! Das Heben der Schwanzflosse bedeutet eine gute Intuition. Und das Umwenden bedeutet: Sie werden ab jetzt intuitiv vieles anders machen. Vielleicht sogar ein bisschen verrücktspielen. Sind Sie womöglich zu vernünftig gewesen?

Jetzt jedenfalls ergreift Sie der Drang, Ihrer liebenswert irren Phantasie zu folgen. Sie nehmen sich die Freiheit. Das ist wunderbar für Ihre Kreativität und für Ihre Partnerschaft erfrischend. Über kurz oder lang fühlen Sie sich wie ein Kind. Sie huschen abends mit einem lieben Menschen auf den Spielplatz und amüsieren sich. Oder Sie ahmen einander in allem nach, für eine halbe Stunde wenigstens, wie Kinder es tun. Das pustet Ihre Gehirnwindungen frei und törnt an. Ach, übrigens Pusten: Sie sitzen einander gegenüber und pusten eine Feder über den Tisch. Sie soll in der Hälfte des anderen landen, aber nicht über die Tischplatte hinausfliegen. Oder Sie stellen eine Kerze in die Mitte und blasen die Flamme hin und her; sie darf nicht ausgehen. Wollen Sie noch Topfschlagen und Blindekuh spielen? Es würde passen!

Erst jetzt nämlich entdecken Sie so richtig die Sinnlichkeit. Das Umwenden des Orakelfisches von der Schwanzflosse her verspricht eine vollkommene Erneuerung Ihrer Wahrnehmungsfähigkeit und Erotik. Wir würden ja gern zusehen, wenn Sie und Ihr Lover, in zwei Jacken am Rücken zusammengenäht, aneinandergefesselt einen Abend verbringen. Dürfen wir? Oder wollen Sie erst mal zu zweit mit einer Flasche Wein im Treppenhaus Platz nehmen? Im Dunkeln? Und den Geräuschen aus anderen Wohnungen lauschen und sich der Gefahr aussetzen, dass jemand plötzlich aus der Tür tritt? Tuscheln, kichern und ein bisschen Angst haben? Abenteuerliches Verrücktspielen ist jedenfalls dran. Das Glück, weiß Ihr Orakelfisch, ereignet sich jenseits der Sicherheitszone.

Er hebt zuerst die Schwanzflosse

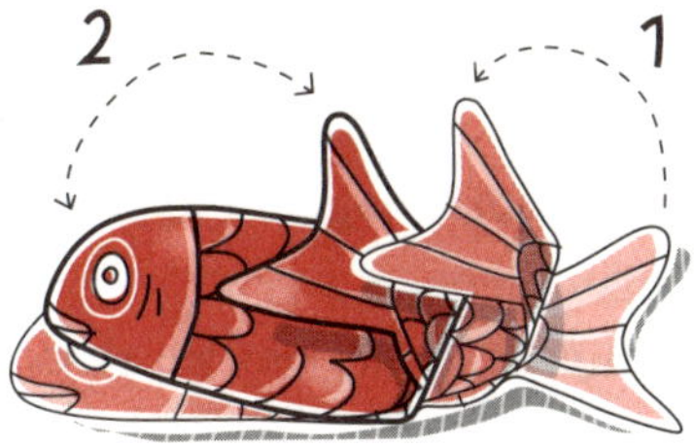


## 6. Er wippt hin und her: Sie müssen Antwort geben

Hin und her, hü und hott, Unsicherheit, Zweifel – ein gutes Zeichen. Jedenfalls dann, wenn der Orakelfisch zuerst die Schwanzflosse hebt. Das bedeutet: Im Inneren ist eigentlich alles klar. Spontan und intuitiv gibt es keine Zweifel. Aber dann kommen die Gedanken, und dann wächst die Irritation. So ist das bei Ihnen im Augenblick. Und das ist gut.

Denn eine günstige Neuerung kündigt sich häufig durch Unsicherheit an. Etwa, wenn der Abschied von alten Gewohnheiten fällig ist oder wenn eine Entscheidung verlangt wird, die auf den ersten Blick schmerzt. Dann steht die glückliche Wendung unmittelbar bevor. Merken Sie schon was? Wie sich so langsam eine ungewohnte Klarheit einstellt? Oder sollen wir nachhelfen? Mit ein paar klärenden Fragen? Tun wir gern.

Was zieht Sie bei einem Partner am meisten an? Zärtlichkeit? Gefühlsreichtum? Leidenschaft? Treue? Großzügigkeit? Einfühlungsvermögen? Humor? Anpassungsfähigkeit? Ehrlichkeit? Ordnungssinn? Verantwortungsgefühl? Sparsamkeit? Bildung? Sie brauchen sich nicht für eines zu entscheiden. Aber legen Sie mal eine Rangfolge fest. Ihre Top Ten.

Und was finden Sie am wichtigsten, wenn eine Beziehung halten soll? Dass Konflikte mit Kompromissen gelöst werden? Dass der Sex lebendig bleibt? Gemeinsame Projekte? Getrennte Konten? Dass einer von beiden das Sagen hat? Dass man einander zuhört? Dass jeder seinen Freiraum hat? Einen Vertrag? Kinder?

Na, sehen Sie. Es ist eine Zeit angebrochen, in der Sie Ihre Prioritäten neu setzen. Daher die innere Unsicherheit. Sie werden ernsthafter – und zugleich freier. Ernsthafter, weil Sie herausfinden, was Sie wirklich wollen. Und freier, weil Sie sich nicht mehr nach den Vorstellungen anderer richten. Und wir wissen nach Ihren Antworten auch genauer, was wir von Ihnen zu halten haben!

Er hebt zuerst die Schwanzflosse

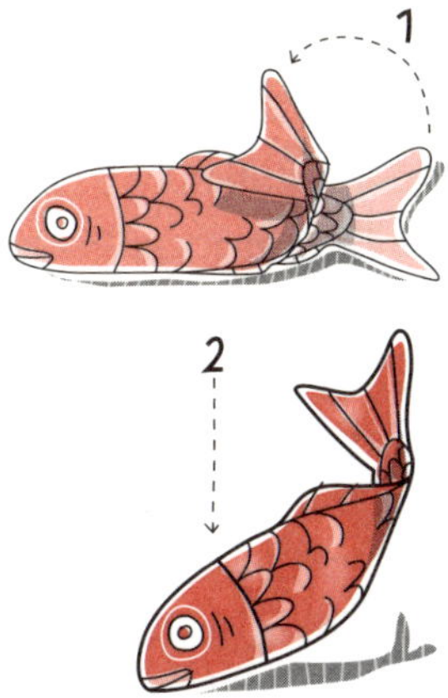


## 7. Er gleitet von der Hand: Sie überhören Ihre innere Stimme

Wenn der Fisch zuerst die Schwanzflosse hebt und dann Richtung Fußboden trudelt, ist seine Botschaft klar: Sie haben Ihre Intuition vernachlässigt. Haben Ihr Bauchgefühl missachtet. Ihre innere Stimme überhört. Deshalb wirken Sie so zerstreut und vergessen neuerdings so viel. Sie sind nicht ganz bei sich. Sie haben sich in Komplikationen verirrt.

Die alten Orakelmeister rieten solch sympathischen Leuten wie Ihnen, ihr Leben zu vereinfachen und sich mal kurz auf die einfachen Zeiten zu besinnen. Die einfachen Zeiten? Wann gab es die denn? Ganz einfach, erklärte der berühmte Orakelfisch-Deuter Meng-tse, auch Menzius genannt: in der Kindheit. Also besuchen Sie mal die alten Orte, die Orte des eigenen Heranwachsens: den Spielplatz, den Kindergarten, die Schule, das Baumhaus, den Keller der verbotenen Spiele, den Saal der Tanzstunde, einen oft gegangenen Weg, den Platz des ersten Kusses oder der ersten Begegnung mit dem jetzigen Partner.

Das sind Orte der Initiation. Da begann etwas. Bilder tauchen auf. Das Herz pocht. An solchen Orten klärt sich der Himmel. Dort sind Sie mühelos wieder im Kontakt mit Ihrem empfindsamen, zarten, allwissenden Inneren. Und da ist alles offensichtlich. Und so eine Klärung ist dran bei Ihnen. Back to the roots. Back to the basics.

Das Leben soll leicht und einfach sein? Okay. Was wünschen Sie sich? Was brauchen Sie wirklich? Wenn Sie Mut haben, können Sie mal ein Wochenende lang so simpel wie möglich leben. Wie Ihre reizende Urgroßmutter. Ohne Komfort. Ohne Elektrizität. In der Schlichtheit fallen die aufgestapelten Gewohnheiten weg. Das Leben darunter ist wunderbar frisch. Die Liebe auch. Sie haben von Natur aus einen wunderbaren Zugang zu dieser lebendigen Einfachheit. Also, bitte. Und wenn Sie es dann kompliziert haben wollen, rufen Sie uns einfach an, ja?

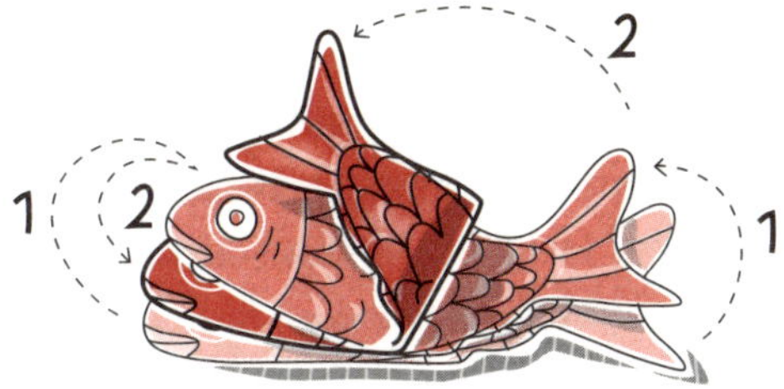


## 1. Er legt Kopf und Schwanzflosse nebeneinander: Sie verzweifeln

Spannend! Bei Ihnen spielen sich innere Dramen ab! Gut, dass der Orakelfisch das ausposaunt. Wir bekommen meist nichts davon mit. Höchstens das Flackern in Ihren Augen bemerken wir, oder dieses Krausziehen der Stirn, das zu früher Faltenbildung geführt hat, oder das nervöse Gezappel Ihrer Finger oder Füße. Das sind Symptome, an denen auch wir erkennen, dass Sie in Ihrem Inneren eine Gummizelle betreiben und verzweifelt gegen die Wände springen. Sobald es um etwas geht, sobald Sie sich zu einem Entschluss aufraffen sollen, Ihr Portemonnaie zücken oder einen schwierigen Anruf machen müssen, geht der innere Kampf los. Verstand und Gefühl springen gleichzeitig an – und kommen nicht zusammen. Da ist kein Einklang. Der Orakelfisch legt den Kopf neben die Schwanzflosse oder die Flosse neben den Kopf: Sie bleiben gespalten. Was sollen Sie tun, wenn eine Antwort oder Tat von Ihnen erwartet wird? Lieber gar nichts? Manchmal verfallen Sie in Schockstarre und behaupten: Ich habe gar keine Wahl. Oder Sie zögern, vertrösten, schieben den Anfang hinaus, damit unterdessen jemand anders für Sie entscheidet: Ihr Partner oder, noch besser, das Schicksal. Oder Sie folgen, um die Sache vom Tisch zu haben, irgendeinem plötzlichen Impuls. Und dann steht da auf einmal dieser überflüssige Billigplayer. Oder die Ferienreise führt abermals an diesen öden Ort. Oder Sie haben die Verliereraktie des Jahres herausgepickt. Zweiflern wie Ihnen verschrieben die alten Orakelmeister drei geniale Fragen: »Wie würdest du dich entschließen, wenn du keine Angst hättest? Was würdest du tun, wenn du etwas Besseres verdienen würdest? Und was würdest du dir später wünschen, getan zu haben? Danach handele!« Na, bitte. Das sind drei Fragen, die Ihr Leben vereinfachen. Die den Weg ebnen, auf dem Sie sich bereits befinden: den Weg zur Selbstverwirklichung. Zum Glück.

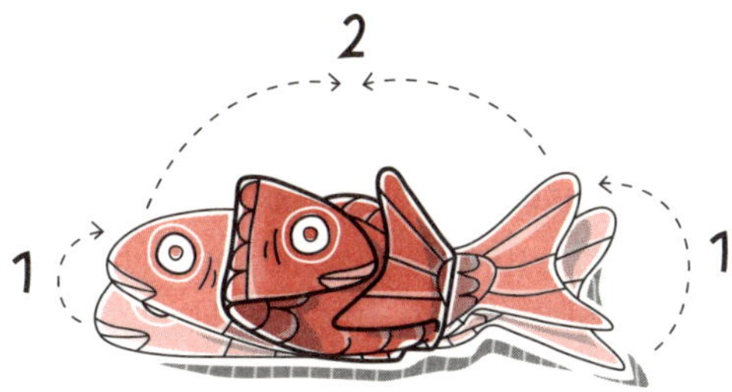


## 2. Er rollt Kopf und Schwanzflosse zu einem Ring: Sie zaubern

Ihr Orakelfisch hat nicht nur Kopf und Schwanzflosse gleichzeitig gehoben, ein wundersames Zeichen für Ganzheitlichkeit. Er hat obendrein Kopf und Schwanzflosse zueinandergebogen, zu einem Ring. Und das heißt: Sie erreichen die Einheit von Verstand und Gefühl, von klarer Unterscheidungskraft und Intuition. Ihre Gehirnwellen sind, wir brauchen das nicht mal zu messen, wir sehen es Ihnen an, vollkommen kohärent.

Was bedeutet das? Dass Sie über erstaunliche Kräfte verfügen. Über konzentrative, suggestive, sogar magische Kräfte. Sagen Sie mal, können Sie zaubern? Können Sie Ihren nervtötenden Chef oder Ihren ätzenden Lehrer oder Nachbarn wegzaubern? Versuchen Sie es ruhig. Das folgende Kunststück jedenfalls sollte bei Ihnen funktionieren. Sie zaubern unerträgliche oder gar bedrohliche Leute aus Ihrem Inneren weg. Das machen Sie, indem Sie deren Bild verniedlichen. Sie haben ein dunkles Bild von, sagen wir, Ihrem Chef. Holen Sie sein

Bild vor Ihr inneres Auge, geben Sie etwas Licht hinein und setzen Sie dem blöden Typen Mickymaus-Ohren auf. Ziehen Sie ihm ein rosa Kleidchen an. Geben Sie diesem inneren Bild einen witzigen bunten Rahmen. Nur in Gedanken. Aber Sie werden sehen, das wirkt. Das wirkt in der Realität. Bei Ihnen jedenfalls. Bei Ihnen hat dergleichen Zauber verblüffende Kraft. Der Boss wird fortan auch in Wirklichkeit harmloser, witziger, lächerlicher. Und zum Karneval kleben Sie ihm dann wirklich Segelohren an und schenken ihm ein Kleidchen.

Ach, und noch etwas: Sie schreiben auf einen Zettel drei Eigenschaften Ihres Partners, die Ihnen überflüssig vorkommen. Lassen Sie ihn nicht sehen, was Sie schreiben! Verbrennen Sie den Zettel über einer Kerze. Sie werden sehen, bei Ihrem Liebsten wird sich eine wundersame Wandlung vollziehen! Das klappt auch bei pubertierenden Kindern oder nervenden Müttern. Für Sie beginnt ein herrlich zauberhaftes Leben!

Er hebt Kopf und Schwanzflosse gleichzeitig

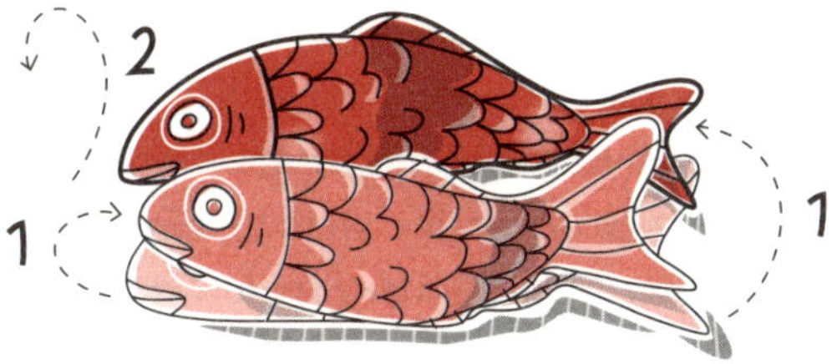


## 3. Er stellt sich hochkant: Sie werden widerborstig

Lange schon hat sich in Ihnen der Widerstand geregt. Gegen das Grau der Gewohnheit, das Immergleiche, das Einerlei. Jetzt, zur perfekten Zeit, kommt er zutage. Wenn der Orakelfisch Kopf und Schwanzflosse gleichzeitig hebt, weist das auf eine ganzheitliche Energie hin. Und wenn er sich dann hochkant stellt, bedeutet das: Hier wird die Zurückweisung des Gewohnten zum kreativen Spaß. Alle profitieren davon. Sie am meisten. Aber auch Ihr Partner, auch das Team, sogar die Nachbarn.

Kann sein, dass Sie jetzt ein bisschen widerborstig rüberkommen, irgendwie stachlig, aber stets auf witzige Art. Kann sein, dass Sie mit Ihrem Partner einfach mal die gewohnten Plätze am Tisch tauschen. Dass Sie die Bettseiten wechseln. Einen ungewohnten Weg zum Bahnhof oder zur Kneipe gehen. Kann auch sein, dass Sie zu zweit fürs Essen einkaufen, aber nur Sachen, die mit N beginnen. Solche Ideen blubbern jetzt in Ihnen.

Sie mischen Ihre Umgebung auf. Sie sind so rabiat und ziehen den Stecker des Fernsehers. Oder machen zumindest einen handyfreien Tag.

Möglich auch, dass Sie sich mit jemand anders verbünden und auf der Party alles in Zeitlupe machen. Vielleicht beim Essen. Fünf Minuten reichen, um die anderen zu irritieren: Das Sektglas langsam heben, mit einer anderen als der gewohnten Hand. Die Gabel zentimeterweise vom Tisch liften. Zeitlupenhaft langsam tanzen. Langsam küssen ...

Für Sie beginnt eine freche, mutige Phase. Womöglich machen Sie sich den dreisten Spaß und fahren an der Ampel nicht los, wenn grün wird. Sie warten kaltblütig, bis der Fahrer hinter Ihnen hupt. Oder Sie fahren Bahn, mit Fahrschein, aber bei der Kontrolle finden Sie ihn nicht – erst, wenn der Kontrolleur nervös wird. Was auch immer: Sie unternehmen jetzt etwas gegen die Reibungslosigkeit. Und das ist toll. Das ist sexy. Denn bei dieser Reibung sprühen Funken!

## 4. Er wendet sich auf die andere Seite: Sie brechen auf ins Abenteuer

Na, das ist wunderbar! Sie wollen die andere Seite kennenlernen! Auf ganzheitliche Art! Wenn Ihr Orakelfisch Kopf und Schwanzflosse zugleich hebt, sind Sie mit Kopf und Herz dabei. Und wenn er sich dann umwendet, haben Sie Lust, sich selbst umzukrempeln.

Leute, denen das Fischlein dieses Orakel bringt, haben plötzlich Hummeln im Popo. Die liebten es bisher gemütlich und buchen jetzt ein Survival-Training. Oder machen wenigstens einen Ballonflug. Die gehen plötzlich mitten auf der Straße rückwärts. Oder wenigstens im Wohnzimmer. Ja, ja, gemächliches Rückwärtsgehen, haben Wissenschaftler herausgefunden, baut mehr als doppelt so viel Kalorien ab wie Vorwärtsgehen in gleichem Tempo. Kann Ihnen ja nicht schaden. Gemütlichkeit und Pauschalreisen sind jetzt jedenfalls nicht angesagt bei Ihnen. Sie krempeln die Ärmel hoch und begeben sich ins Abenteuer. Sogar ins Abenteuer des Alltags. Sie wussten es bisher noch nicht, jetzt entdecken Sie es: Abwaschen, Staubsaugen, Bügeln macht glücklich!

Bislang haben Sie so etwas auf Ihren Partner abgewälzt oder gar auf die liebe Mama. Jetzt erkennen Sie persönlich, was Forscher längst wissenschaftlich nachgewiesen haben: Einfache Tätigkeiten lassen die Glückshormone sprudeln. Die Gedanken kommen zur Ruhe. Und wenn die Gedanken still werden, stellt sich natürliche Freude ein. Fegen, Harken, Spülen sind Wege zum Glück. Na bitte! Wollen Sie gleich loslegen? Oder möchten Sie erst mal im Keller aufräumen? Für Ihren Partner den Ölwechsel machen? Das Altpapier bündeln? Toll! Sie sind echt abenteuerlich und so ganz und gar anders als die anderen! Sie verlassen die ausgetretenen Pfade. Erst kostet es Überwindung, und dann törnt es an. Ach, und wenn Sie bei sich kein schmutziges Geschirr mehr finden, kommen Sie zu uns, ja? Viel Spaß mit diesem ganz und gar anderen Leben!

Er hebt Kopf und Schwanzflosse gleichzeitig

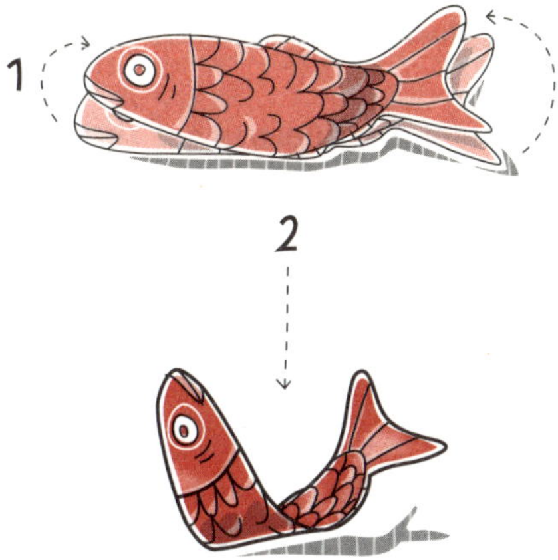


## 5. Er gleitet von der Hand: Sie machen plumps

»Nun sei doch mal vernünftig«, hat Ihre teure Mutter gesagt, als Sie noch klein und durcheinander waren. Jetzt sind Sie groß und durcheinander. Der Orakelfisch weiß es. Er hat Kopf und Schwanzflosse gehoben, ein schönes Beispiel für Ganzheitlichkeit, und dann hat er plumps gemacht. Das ist typisch für Leute, die beflügelt sind von den eigenen Einfällen. So beflügelt, dass sie übers Ziel hinaussegeln und in der Grütze landen. In Ihnen steckt der ungestüme Reiter: Wenn er fällt, dann schreit er. Fällt er in den Graben, fressen ihn die Raben, fällt er in den Sumpf, macht der Reiter plumps. Es geht ab in den Schlick mit Ihnen! Jetzt zumindest. Sind Sie bereits vertraut mit Abstürzen? Schön. Jetzt brummt Ihr Temperament so richtig los.

Eigenwillig und egozentrisch werden Sie angetrieben

von flatterndem Selbstbewusstsein und vibrierender Ungeduld. Sie stürzen sich mutig und temperamentvoll in die Action. Fordern Wechsel, Wirbel, Heldentaten. Über Vorschriften, insbesondere moralische, können Sie jetzt nur lächeln. Flaue Leute wie wir sind Ihnen ein Gräuel. Allzu enge Arbeitsverhältnisse und innige Beziehungen finden Sie nun beklemmend. Bevor Sie sich anpassen, trennen Sie sich lieber. Und dann landen Sie, plumps, im Graben.

Das Erstaunliche ist: Sie rappeln sich gleich wieder auf. Ihr inneres Uhrwerk ist unaufhörlich in Bewegung. Die Zeiger drehen sich. Herumschnuppernd, kostend, probierend, hier angeregt, dort abgestoßen, stolpern Sie durch eine muntere Folge von Ups und Downs. Nie haben Sie in so kurzer Zeit so viel gelernt wie in dieser knisternden Phase. Ach, dürfen wir Sie besuchen, wenn Sie gerade kopfüber im Sumpf stecken? Nicht um sie zu trösten, sondern um den Absturz für eine schadenfrohe Pannensendung zu filmen. Sie krabbeln ja eh wieder raus, erfrischter denn je!

## 6. Er legt den Kopf zurück: Sie schieben was Neues an

Es wird Zeit für neue Projekte, vermutlich zwischenmenschlicher Art. Für gemeinsame Abenteuer. Intellektuell, vom Kopf her, ist alles einigermaßen klar. Deshalb hat das Fischlein den Kopf wieder zurückgelegt. Okay, heißt das. Die Schwanzflosse ist noch einen Augenblick oben geblieben. Überwindet, heißt das, die Trägheit der Herzen. Trägheit der Herzen? Na ja, damit ist einfach der gewohnte Trott gemeint. Der ist in Ordnung. Er ist Ihre Art, den Alltag leidfrei zu bewältigen.

Was bei Ihnen fehlt, um das Herz zu rühren, ist die knisternde Unruhe des Anfangs. Die Neugier auf das Unvorhersehbare. Dieses leise Winken des Fischleins mit der Schwanzflosse ist eine Aufforderung, die Kontrolle des Kopfes ein wenig locker zu lassen. Das ist ganz harmlos. Es geht darum, entweder in Ihrem Job oder in Ihrer Beziehung, wieder neue, begeisternde Ziele zu entwerfen und anzusteuern.

Was soll das sein? Ein Opernabend in der Arena von

Verona? Die Renovierung der Wohnung? Oder gleich eines Resthofs auf dem Land? Es ist eigentlich egal. Es kommt auf das Neue an und auf den Enthusiasmus dafür. Es kann auch ein Bergsteigerkurs sein. Gemeinsame politische Aktivität. Der Segelschein. Soziales Engagement. Tanzen. Wenn es um die Partnerschaft geht, könnte es fällig sein, dass Sie einen gemeinsamen Sport anfangen. Erstens können Sie sich im Sport physisch auseinandersetzen, können destruktive Energien austoben, die sich sonst in der Beziehung festgesetzt hätten. Und zweitens trimmen Sie Ihren Körper fit, fühlen sich also selbst wieder sexy und sehen, wie Ihr Partner attraktiver wird. Aber eigentlich sind Sie ja schon supersexy! Also, dann klinken Sie sich vielleicht in eine Theatergruppe ein? Oder schreiben gemeinsam ein Buch? Ganze Kontinente warten darauf, von Ihnen entdeckt zu werden!

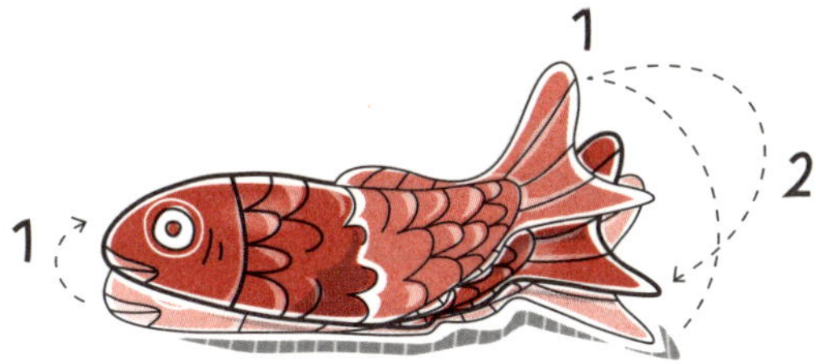


## 7. Er legt die Schwanzflosse zurück: Sie lösen das Schweigen

Das Fischlein hat die Schwanzflosse wieder zurückgelegt, den Kopf aber noch oben gelassen? Das bedeutet: Sie haben sich in Gewohnheiten eingenistet. Gewohnheiten geben Stabilität. Das ist gut. Sie haben Ihre Rituale im Alltag, bei der Arbeit, auch in der Partnerschaft. Sie haben nicht nur ein paar regelmäßige Aktivitäten: Konzerte, Einkauf, Kochen. Sie haben auch eine löbliche Strategie zur Problemlösung entwickelt: Sie sind bereit, Konflikte frühzeitig und respektvoll zu klären. Obendrein sind Sie noch in der Lage, die Verantwortung für sich selbst zu übernehmen, statt sie anderen zuzuschieben. Das alles ist bewundernswert. Eigentlich könnte sich das Fischlein beruhigt in seinen Teich zurückbegeben.

Warum hebt es den Kopf? Weil offensichtlich noch etwas zu klären ist. Zu bereden. Denn zu den Gewohnheiten, die sich bei Ihnen eingeschlichen haben, gehört auch das Schweigen. Ist es Ihr Partner, der zu viel schweigt? Oder Ihr bester Freund? Jetzt können Sie sein Schweigen sanft lösen, garantiert Ihr Orakelfisch. Sie brauchen Ihren Liebsten nur zu loben. Oder sich bei ihm zu bedanken für eine Gefälligkeit. Damit öffnen Sie ihn.

Ein Mensch fühlt sich sicher, wenn er gewürdigt und anerkannt wird. Dann traut er sich zu erzählen. Lenken Sie seine Aufmerksamkeit sachte auf seine Gefühle: Da bist du sicher stolz gewesen? Bist du da nicht wütend geworden? Da musst du dich doch übergangen gefühlt haben!

Wenn Ihr Gegenüber sich so verstanden fühlt, kann es beinahe redselig werden. Und dann spüren Sie auch schon seine sanfte, empfindsame Seite. Erinnern Sie an die Zeit der Empfindsamkeit: Welche Spiele hast du früher geliebt? Welche Gewohnheiten gab es in deiner Familie? Welche Rituale beim Aufstehen, beim Essen, beim Schlafengehen? Wie habt ihr gefeiert? Was war dein schönstes Geschenk? Und worauf wartest du bis heute noch? Es wird eine Feier der Liebe ...

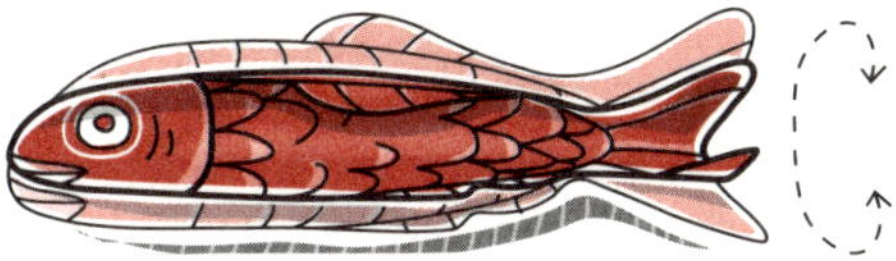

1

## 1. Er hebt die Seiten Richtung Mitte: Sie begegnen einem Engel

Dass der Orakelfisch beide Seiten Richtung Mitte hebt, ist ungewöhnlich selten. Und es ist wunderbar. Es bedeutet: Sie begegnen einem Engel. Sie haben vielleicht schon mal einen Engel gesehen. Im Traum. Oder im Alltag: als einen Luftzug, eine flüchtige Berührung, ein Flüstern, als eine vorüberstreifende lichte Gestalt. Erinnern Sie sich?

Es ist wie ein Ziehen in eine bestimmte Richtung. Sie fühlen sich bewegt, etwas zu tun, was Sie sonst nicht getan hätten. Oder etwas zu lassen, was Sie andernfalls gemacht hätten. Engel erscheinen auch in Gestalt von menschlichen Helfern, als Lehrmeister oder Ratgeber. Nun, Ihnen begegnet jetzt ein Engel. Selbst wenn er unsichtbar ist, werden Sie ihn erkennen.

Es kommt Ihnen plötzlich heller vor in Ihrer Umgebung. Ohne Grund verspüren Sie ein Gefühl der Freude. Ein unerklärlicher süßer Duft schwebt vorüber. Sie schmecken etwas, das nicht benannt werden kann, als schmeckten sie Licht. Sie haben ein Gefühl der Leichtigkeit. Etwas kommt Ihnen lieb und vertraut vor, Sie wissen nicht, was es ist. Sie verspüren plötzlich den Impuls, etwas Freundliches zu sagen oder zu tun. Ihnen wird unerwartet geholfen. Sie fühlen sich sanft unterstützt. Und Sie hören auf einmal klarer als je zuvor Ihre innere Stimme.

Wenn so etwas eintritt, können Sie Ihren Engel bitten, Ihnen im Traum zu erscheinen. Sie bitten ihn vor dem Einschlafen, sich zu zeigen und Ihnen zu helfen. Er wird es tun. Sie können ihm auch bei Tag eine Frage stellen. Am besten mit geschlossenen Augen. Geben Sie ihm Zeit. Die Antwort wird kommen. Schreiben Sie sie auf. Und schreiben Sie in dieser Stimmung weiter. Führen Sie einen Dialog mit Ihrem Engel auf dem Papier. Bis Sie genug erfahren haben. Dann schließen Sie die Augen wieder und bedanken sich. Dankbarkeit ist eine Ihrer großen Stärken. Dankbarkeit lockt Engel unwiderstehlich an.

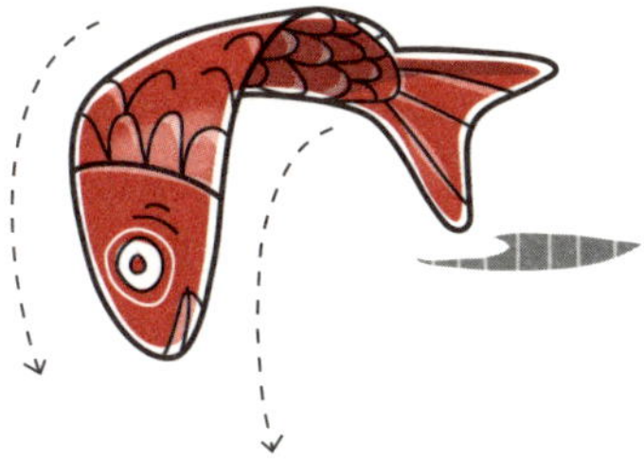

## 2. Er bildet einen Bogen: Sie helfen und heilen

Der Orakelfisch als Bogen, als Brücke: sehr ungewöhnlich. Und staunenswert. Sie bringen Menschen zueinander. Sie verbinden Energien. Sie heilen. Sensibel und mitfühlend können Sie mit den Kräften der Seele umgehen. Sie sehen mehr, spüren mehr, fühlen mehr als andere. Ja, Sie wissen intuitiv mehr als die meisten Akademiker nach langem Studium. Sie brauchen keinen Meditationskurs zu belegen. Die Fähigkeit, Energie von kosmischen Kräften zu beziehen und weiterzuleiten, ist Ihnen angeboren. Was alle sein möchten, Sie werden es im Laufe der Zeit von selbst: weise. Deshalb fragt man Sie jetzt schon um Rat.

Wo jemanden der Schuh drückt, merken Sie eher als er selbst. Sie haben die Kreativität der großen Hellseher, der Heiler und Therapeuten. Verfügen Sie über eine Glaskugel? Schade eigentlich. Als Hellseher könnten Sie vielen Leuten helfen und nebenbei reich werden. Im Mittelalter hätten Sie als Traumdeuter eine Ehrenstellung am Hof des Königs gehabt. Denn Sie verstehen die Sprache der Symbole und beherrschen das Denken in Bildern. Sie würden auch einen guten Astrologen abgeben. Einen Schriftdeuter. Eine Handleserin. Und Sie können Ihre eigene Hand auflegen – und damit heilen.

Allerdings haben Sie das Dilemma aller großen Therapeuten: Sie können anderen besser helfen als sich selbst. Sie selbst haben häufig das Gefühl, Sie kämen nicht vom Fleck – obwohl Sie sich rapide entwickeln. Sie fühlen sich zuweilen schwer oder von anderen belastet, so als raubten die Ihre Energie. Das hat einen einzigen Grund: Sie neigten bisher dazu, sich als Opfer zu fühlen. Jetzt, mit dem Symbol des tragenden Bogens, übernehmen Sie aufrichtig die Verantwortung. Für alles, was Sie tun. Sogar für alles, was Ihnen geschieht. Und dann stehen Ihnen alle, auch die geheimsten Wege offen. Sie sind frei.

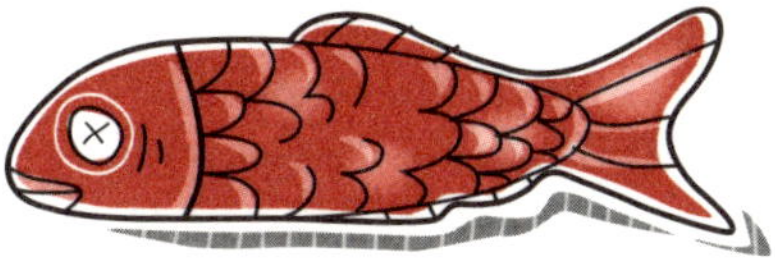

## 3. Er bewegt sich überhaupt nicht: Sie sind Schlafmeister!

Glückwunsch! Sie sind Meister in einer der glücklichsten Tätigkeiten des Menschen: im Schlafen. Und im Träumen. Ihr Fischlein macht es schon vor. Und Sie? Checken wir mal.

Schlafen Sie wie ein Embryo, zusammengerollt auf einer Seite? Schön. Dann sind Sie also scheu und sensibel, im Schlaf wie im Leben. Sie gehen nicht forsch auf neue Ziele los. Aber Sie schätzen klug die Lage ein und verschaffen sich Sicherheit. Oder schlafen Sie wie eine Märchenprinzessin, flach auf dem Rücken? Dann fühlen Sie sich tagsüber wohl, wenn Sie im Zentrum stehen. Sie benötigen Platz und Publikum. Nur wer Ihnen reichlich Komplimente macht, gewinnt Sympathien. Seufz. Oder schlummern Sie auf dem Bauch, die Arme womöglich überm Kopf? Dann hüpfen Sie morgens aus dem Bett, um das Leben bei den Hörnern zu packen. Dann sind Sie energievoll, gut organisiert und zuweilen furchterregend tüchtig. Aber so sehen Sie eigentlich nicht aus. Sie schlafen eher wie ein Flamingo, also auf der Seite, ein Bein angezogen, stimmt's? Und Sie treiben auf den Wellen der Gefühle wie ein Korken, übermütig auf der Höhe, hoffnungslos in der Tiefe. Ein regelmäßiges Leben auf mittlerem Niveau ist Ihnen gar nicht möglich. Uff, Sie sind anstrengend. Schlummern Sie kauernd, ein Arm unterm Kopf, der andere berührt die Schulter, die Beine sind leicht angezogen? Dann sind Sie grüblerisch. In Ihnen steckt mehr, als Sie verwirklichen. Sie würden gern – aber wissen nicht, wie. Sie brauchen jemanden, der den Weg weist. Damit es nicht so lange dauert, bis Sie herausfinden, was Sie wollen. Oder schlafen Sie wie manches Kind, die Arme verschränkt, die Beine leicht angezogen? Dann verfügen Sie über ein gesundes Grundvertrauen. Sie fühlen sich wohl in Ihrem Leben. Sind anpassungsfähig. Und es fällt Ihnen leicht, Kompromisse zu finden. Sie sind feinfühlig und ausgleichend. Selbst wenn es eng wird, behalten Sie die Ruhe. Sagen Sie, wollen wir zusammenziehen?

## … ich keinen Fisch mehr habe

Sie bekommen Orakelfische am schnellsten übers Internet. Geben Sie »Fortune Teller Miracle Fish« als Suchbegriff ein. Bei eBay bekommen Sie welche für sieben bis zehn Euro, Versand inklusive, ein Päckchen mit hundert Fischen. Macht höchstens zehn Cent pro Stück. Sie können auch kleinere Mengen beziehen. Aber so wie Sie damit umgehen, sollten Sie sich einen größeren Vorrat anlegen. Schließlich wollen Sie ja auch als Hellseherin oder Wahrsager ein florierendes Geschäft damit aufmachen! Begabt, wie Sie sind!

## … mein Fisch nass geworden ist

Haben Sie es absichtlich gemacht? Dann ist es schlimm. Sehr schlimm. Dann sind Sie nicht orakelfischwürdig. Dann bekommen Sie niemals das Orakelfisch-Abitur. Sie müssen auswandern. Aber wahrscheinlich ist das

Fischlein nur versehentlich in die Biobrause gefallen, die Ihr trotteliger Nachbar verschüttet hat. Jetzt können Sie ihn trocknen. Den Nachbarn. Wenn der trocken ist, können Sie vielleicht noch was mit ihm anfangen. Mit dem Fisch jedoch nie mehr. Einmal nass – für immer hinüber. Beerdigen Sie ihn im Blumentopf. Und nehmen Sie einen anderen. Mal sehen, wie lange der bei Ihnen überlebt.

## ... ich meinem Fisch nicht so recht glaube

Sie glauben, Ihre Zukunft liegt allein in Ihrer Hand? Genau das weiß auch der Orakelfisch, und deswegen kann er auch nur in Ihrer Hand die Zukunft sehen. Zauberei ist das nicht. Vielmehr wirken Strömungen, die Ihnen noch kaum bewusst sind, über die feinen Meridiane Ihrer Hände direkt auf den Fisch. Ihre eigenen Impulse bewegen ihn. Wie eine Kompassnadel zeigt er nun die Richtung an, in die Ihr Leben geht. Er tut kund, was Sie bereits vage geahnt haben.

## … mein Fisch Bewegungen gemacht hat, die gar nicht im Buch stehen

Wollen Sie damit andeuten, dass Sie besonders originell sind? Okay, akzeptiert. Sie sind total außergewöhnlich. Deswegen wollen auch so wenig Leute was mit Ihnen zu tun haben, Sie einsames Genie! Schreiben Sie uns ruhig, was für irre Bewegungen Ihr Fisch gemacht hat. Dann können wir Ihr Extra-Orakel in der nächsten Auflage berücksichtigen.

Aber in Wahrheit haben Sie wohl nicht richtig hingesehen. Weil Sie so aufgeregt waren. Fragen Sie bitte mal Nachbarn zur Rechten, was Ihr Fisch getan hat. Und wenn Sie sich nicht einig werden, lassen Sie ihn einfach noch mal auf die Hand. Und diesmal passen Sie auf, ja?

**Dietmar Bittrich** lebt als freier Schriftsteller in Hamburg. Sein launiger und frecher Stil und so verrückte Ideen, wie ein Gummibärchen-Orakel oder ein Reiseabschreckungsbuch zu verfassen, begeisterten bereits Millionen Leser. Für cadeau lieh er in *Nicht ohne meine Katze!* dem eigensinnigen vierbeinigen Mitbewohner der Cartoonistin Suzy Becker seinen Humor.

**Claas Janssen** hat den Orakelfisch akribisch bei der Arbeit beobachtet und alles aufgezeichnet. Und weil er Fisch mag, in Frankfurt am Main wohnt und auch ernsten Zukunftsaussichten im Handumdrehen etwas abgewinnen kann, hat der Orakelfisch ihn für sich bestimmt.

1. Auflage 2009

*www.hoca.de*
Text: Dietmar Bittrich
Illustration: Claas Janssen
Umschlaggestaltung: Steigenberger Grafikdesign, München
Satz: atelier eilenberger, Leipzig
Gesetzt aus der FF Scala und der Stone Sans
Druck und Bindung: Westermann Druck, Zwickau
Printed in Germany
ISBN 978-3-455-38055-2

HOFFMANN
UND CAMPE

---

*Ein Unternehmen der*
GANSKE VERLAGSGRUPPE